Udo Hahn

Innehalten
Zeit für mich

Ein Fastenbegleiter

KREUZ

W0110756

Liebe Leserin, lieber Leser,

lassen Sie sich einladen, sich in den kommenden sechseinhalb Wochen der Fastenzeit Zeit zu nehmen, um Zeit zu haben. Das Einzige, was Sie dazu brauchen, ist jeden Tag etwas Zeit für sich – ob am Morgen oder am Abend. Brechen Sie einmal in 24 Stunden aus Ihrem gewohnten Alltagstrott aus und halten Sie inne. Lesen Sie in diesem Fastenbegleiter, machen Sie sich Ihre eigenen Gedanken. Betrachten Sie diese Phase – ob eine Viertel- oder eine halbe Stunde – im wahrsten Sinne des Wortes als Aus-Zeit, in der Sie nichts anderes an sich heranlassen: keine Musik, keinen Kaffee, keine Zigarette, keine Zeitung, keinen anderen Menschen.
Viele Menschen nutzen die Fastenzeit auch dazu, nicht nur ihrer Seele, sondern auch ihrem Körper Gutes zu tun, indem sie mal einen Obst-, Saft- oder Salattag einlegen oder das Essen und den Genuss alkoholischer Getränke reduzieren. In einem solchen Fall ist es immer ratsam, vorher Ihren Arzt zu konsultieren. Dieser wird feststellen, ob Sie sich auf ein körperliches Fasten einlassen können, vor allem wenn Sie Medikamente einnehmen müssen.

Jede der folgenden Wochen (dem Beginn der Fastenzeit sind zwei Einführungstage vorgeschaltet) hat ihr eigenes Thema: Aus-Zeit nehmen – Verzichten lernen – Ruhe finden – Ziele setzen – Wege entdecken – Entscheidungen treffen – Neu anfangen. Weil Fasten jedoch immer sehr individuell geprägt ist, bietet dieser Fastenbegleiter Ihnen die Möglichkeit, sich jeden Tag selbst eine Anregung zu einem Vorsatz oder Vorhaben auszuwählen, der Sie durch den Tag begleiten soll.
Kommen Sie zu sich selbst und finden Sie heraus, was für Ihr Leben wesentlich ist, wie und wofür Sie leben wollen. Warten Sie nicht darauf, dass andere Ihnen Gutes tun – tun Sie es selbst.

Udo Hahn

Zehn Grundsätze für meine Fastenzeit

1. Ich entscheide mich täglich freiwillig für eine Aus-Zeit.
2. Ich überfordere mich nicht.
3. Ich verzichte auf eine lieb gewonnene Gewohnheit.
4. Ich prahle nicht mit meinen Fastenaktivitäten.
5. Ich achte stärker auf mich selbst.
6. Ich wähle im Tagesrhythmus Zeiten der Stille und des Schweigens.
7. Ich nehme meinen Atem bewusst wahr.
8. Ich stelle mich den Fragen des Glaubens und des Lebens, die mir in den Sinn kommen.
9. Ich bin offen für Erfahrungen, die ich mit mir selbst mache.
10. Ich möchte künftig ...

*Gehe mit deiner Zeit verschwenderisch um.
Schenke sie heute einmal dir selbst,
denn du bist wichtig.
Und du wirst spüren, dass sie nicht verloren ist.*

Stehen und atmen

In der vor dir liegenden Aus-Zeit kommt es nicht nur darauf an, still zu sein, in dich hineinzuhören und über dein Leben nachzudenken, sondern auch deinen Körper bewusst wahrzunehmen. Stell dir dazu zwei Fragen:

1. Wie stehe ich da?
2. Wie atme ich?

Beobachte dich selbst, wie du zum Beispiel in der Schlange vor dem Postschalter stehst oder wenn du auf einen Freund wartest. Versuche einmal, dich aufrecht hinzustellen. Richte dein Rückgrat auf. Fühlst du, wie du größer wirst? Wenn du deine Knie ein wenig durchdrückst – wie dir das Standfestigkeit gibt, als seist du tief in der Erde verwurzelt? Und wie sich dein Kopf aufrichtet, als werde er vom Himmel her gehalten?

Setze dich auf einen Stuhl (aufrecht, nicht angelehnt) oder lege dich auf den Boden: Atme ein und aus. Langsam und ruhig. Spüre wie das Ausatmen länger dauert als das Einatmen. Der Bauch hebt und senkt sich. Wie von selbst. Alles atmet. »Gott atmet in allem, was lebt«, hat Hildegard von Bingen einmal geschrieben. Das verbindet uns Menschen mit der Schöpfung.

*Aus der Ruhe kommt die Kraft,
aus der Muße die Phantasie.
Beides steht nicht im Terminkalender.
Auch nicht, den Blick heute einmal
zum Himmel zu richten.*

Mit dem Aschermittwoch beginnt die so genannte Fastenzeit. Am Tag zuvor endet die Fastnacht, der Fasching oder der Karneval (lat.: carnem levare = das Fleisch weglegen, auf Fleisch verzichten; volkstümlich auch carne vale = Fleisch, lebe wohl). Etwa seit dem 7. Jahrhundert begann am Aschermittwoch eine 40 Tage umfassende öffentliche Bußzeit: Büßer legten das Bußgewand an und wurden mit Asche bestreut (»in Sack und Asche gehen«). Diese wurde aus den Palmzweigen gewonnen, die am Palmsonntag des Vorjahres bei der Prozession getragen wurden und an das Leiden und Sterben Jesu erinnern. Diese Form der öffentlichen Buße ging immer mehr zurück. Seit dem 12. Jahrhundert ist es Praxis – wie heute noch in der römisch-katholischen Kirche –, dass Gläubigen im Gottesdienst durch den Priester ein Aschekreuz auf die Stirn gezeichnet, oder auf den Kopf gestreut wird. Es soll zur Umkehr mahnen und den Menschen daran erinnern, dass er sterblich ist.

Bei Tagesanbruch:
Morgenluft atmen, Sonnenstrahlen spüren,
Trägheit abschütteln – leben.

Am Ende des Tages:
Sorgen loslassen, dankbar sein,
den kommenden Tag erwarten – ausruhen.

Vom Aschermittwoch bis zum Karsamstag dauert die Fastenzeit. Sie umfasst 40 Tage. Diese Zahl ergibt sich, wenn die sechs Sonntage nicht mit eingerechnet werden. Sie unterbrechen das Fasten. In der Bibel steht die Fastenzeit unter dem Zeichen der Buße und Trauer sowie der inneren Reinigung. Heute wird unter Fasten ganz allgemein der gänzliche oder teilweise Verzicht auf Essen und Trinken – mitunter auch auf Alkohol, Rauchen, Fernsehen, Süßigkeiten, Autofahren, Sex u.a.m. – verstanden. Im Deutschen wie im Englischen bedeutet »fasten« – abgeleitet von »fest« – festhalten, bewachen, beobachten und meint: an den (Fasten-)Geboten festhalten. Fasten hat in praktisch allen Religionen Bedeutung. Mahatma Gandhi sagte dazu: »Die Fastenzeiten sind ein Teil meines Wesens. Ich kann auf sie ebenso wenig verzichten wie auf meine Augen. Was die Augen für die äußere Welt sind, das ist das Fasten für die innere.«

*Das Leben braucht den Gleichklang
von Arbeit und Freizeit,
Anspannung und Entspannung.
Beachte diesen Rhythmus,
dann bleibt dein Leben im Gleichgewicht.*

Die Zahl 40 hat in der jüdisch-christlichen Tradition einen besonderen Symbolwert: 40 Tage und Nächte dauerte die Sintflut. 40 Tage war der Prophet Elija zum Berg Horeb unterwegs. 40 Tage blieb Mose auf dem Berg Sinai, ehe er von Gott die Gesetzestafeln mit den Zehn Geboten empfing. 40 Jahre zog das Volk Israel nach seiner Befreiung aus der Gefangenschaft in Ägypten durch die Wüste. Jona predigte der Stadt Ninive, dass sie in 40 Tagen untergehen werde. 40 Tage war Jesus zum Fasten in der Wüste (Matthäus 4,2).

*Lebenszeit: geliehen und anvertraut.
Sie lässt sich nicht beherrschen.
Wer es versucht, den macht sie gefügig.
Lebensweisheit: nehmen, was mir gegeben ist.*

Beim Fasten denken die meisten Menschen erst einmal an sich selbst: Wie kann ich abnehmen, um eine bessere Figur zu erhalten? Wie kann ich fit werden, um mich effektiver gegen andere durchzusetzen? Dass es beim Fasten nicht nur um mich geht, sondern auch um meine Mitmenschen – nicht zuletzt auch um die, mit denen ich vielleicht am wenigsten zu tun haben will –, darauf macht der Prophet Jesaja aufmerksam: »Das ist ein Fasten, wie ich es liebe: Die Fesseln des Unrechts zu lösen, ... die Versklavten freizulassen, ... an die Hungrigen dein Brot auszuteilen, die obdachlosen Armen ins Haus aufzunehmen« (Jesaja 58,6 f.). In diesem Zusammenhang bedeutet fasten: sich dem Armen zuwenden – und etwa durch Teilen ihre Not lindern zu helfen. Aus Solidarität mit den Notleidenden, insbesondere in der Dritten Welt, ist für katholische Christinnen und Christen ein finanzielles Fastenopfer zu einer Tradition geworden – eine Spende für das Hilfswerk »Misereor«.

*Nimm dir Zeit für Freunde,
für deine Familie.
Schenke ihnen das Beste, was du hast.
Und du wirst spüren,
dass es nicht verloren ist.*

Die Fastenzeit wird auch Passionszeit genannt. Während die römisch-katholische Kirche von sechs Fastensonntagen spricht, werden diese in der evangelischen Kirche als Passionssonntage bezeichnet. Ihre Namen leiten sich von den lateinischen Anfängen der biblischen Lesungen im Gottesdienst ab. Der erste Sonntag trägt den Namen Invocavit und nimmt ein Wort aus Psalm 91,15 auf: »Wenn er mich anruft, dann will ich ihn erhören.« In der Passionszeit wird besonders des Leidens und Sterbens Jesu Christi gedacht.

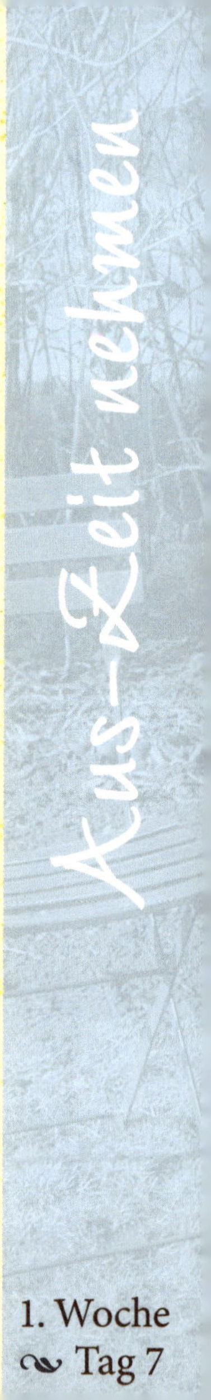

*Zukunft ist die Zeit,
in der du dich ärgerst, dass du das,
was du hättest tun können, nicht getan hast.
Heute ist die gute alte Zeit, an die du dich
in zehn Jahren zurückerinnern wirst.*

Das Glück des Lebens sehen viele Menschen darin erfüllt, dass sie sich alles leisten können, was sie sich wünschen. »Kaufe – und du wirst glücklich«, lautet das Versprechen zahlloser Werbespots. Sinn finden nach der Devise »Ich kaufe, also bin ich.« Doch der Besitz von immer mehr Geld und Gütern macht keineswegs glücklich. Denn wer viel hat, bei dem macht sich die Angst breit, alles wieder verlieren zu können. Glücklich lebt, wer loslassen kann. Erst das Loslassen schafft Freiheit oder bringt sie wieder zurück.

Alle jagen ihm nach,
doch keiner erlangt es.
Das kleine und das große Glück liegt nicht
in den Sternen, auch nicht im Geld.
Es ist ganz nahe – in dir.

Loslassen schafft Freiheit. Das gilt auch für deine Seele. Wer du bist, daran haben deine Eltern, die Schule, deine Freunde ihren Anteil. Du musst aber nicht ein Gefangener deiner Vergangenheit bleiben. Du kannst sagen: Ich will mich ändern. Ausgetretene Lebenspfade zu verlassen, das ist nicht immer einfach. Aber du kannst es schaffen. Zu deiner Freiheit gehört, dass du alles, was du erlebt hast, durch deine eigene Bewertung beeinflussen kannst. War es positiv oder negativ? Es hängt von deiner Einstellung ab. Wenn du in den Urlaub fährst, macht dir das große Gewicht deines Reisekoffers nichts aus. Aber wenn du aus dem Supermarkt eine Tüte mit nach Hause tragen musst, kann sie dir zu einer unerträglichen Last werden.

*Neue Perspektiven erschließen sich nicht,
wenn du nur auf dich schaust.
Der Mensch muss von sich wegsehen,
den Blick zum Horizont schweifen lassen.*

Verzichten, loslassen – wie geht es dir damit? Keine leichte Aufgabe, denn beides ist negativ besetzt: Aufgeben statt durchhalten – das wird von dir verlangt.
Übe das Loslassen. Frage dich, was du lassen kannst, was nicht – und nenne die Gründe dafür.
Loslassen hat auch mit Gelassenheit zu tun. Wann entdeckst du an dir, dass du gelassen bleibst? In welchen Situationen bist du es nicht? Warum? Und wann willst du gelassen bleiben?

*Gelassenheit ist eine Haltung,
die mich erkennen und akzeptieren lässt,
was ich nicht ändern kann.
So behalte ich stets einen klaren Blick.*

Kleine Schwächen und Fehler machen Menschen liebenswert. Perfektionismus kann unmenschlich sein. Sei dankbar für das, was dir gelingt, denn es gibt keine Gewähr dafür, dass alle deine Pläne und Wünsche in Erfüllung gehen können.

Nur der Dankbare lebt gelassen. Er weiß, dass er nicht alles selbst kann, sondern vieles im Leben Geschenk ist. Zweifel sind der Feind der Gelassenheit. Sie zerstören die Kraft, die in dir steckt. Vertraue dir selbst.

*Gehe pfleglich mit dir um.
Nicht alles muss dir gelingen.
Gut statt perfekt.
Erlaube dir Fehler.*

Von der Weisheit anderer lernen: Wenn du es eilig hast, nimm einen Umweg. Oder mit Martin Luther: Ich habe heute so viel zu tun, ich muss lange beten.

Der Rausch der Geschwindigkeit ist etwas Schönes. Ich komme schnell von einem Ort zum anderen. Aber auch die Nachteile liegen auf der Hand: In der Eile zieht alles schnell an mir konturenlos vorüber. Entschleunige dein Leben! Nimm das Tempo heraus.

Anhalten, innehalten, still halten.
Zeit nehmen, Zeit lassen.
Alles sehen, alles riechen.
Stille in aller Stille still genießen.

Du möchtest gelassener werden. Das geht nicht von selbst. Du hast einen langen Weg vor dir. Das kostet viel Kraft. Du musst mit Rückschlägen rechnen, manches Hindernis aus dem Weg räumen und womöglich von Neuem starten. Setze dir Etappenziele. Denke nur an den heutigen Tag. Was morgen kommt, ist erst morgen dran! Und sei barmherzig zu dir selbst bei dem, was nicht auf Anhieb klappt.

*Nur für heute will ich leben,
ohne alle meine Probleme lösen zu wollen.
Nur für heute will ich keine Angst haben,
sondern mich an dem erfreuen, was mir gelingt.*

Der 2. Sonntag in der Fasten- oder Passionszeit trägt den Namen Reminiscere: »Gedenke, Herr, an deine Barmherzigkeit!« (Psalm 25,6). In der Bibel werden Gott zahlreiche Eigenschaften zugeschrieben. Barmherzig zu sein, das ist der Charakterzug, der uns Menschen natürlich besonders anspricht. Auch der Name Gottes, nach dem sich Mose erkundigt, sagt etwas über ihn aus: »Ich bin da« übersetzt Martin Buber Exodus 3,14. »Ich bin für dich da«, könnte man noch etwas persönlicher sagen, oder: »Ich bin, wo du bist.«

Fragen bleiben –
wer oder was mir Halt gibt im Leben.
Unterschiedliche Bilder:
Hirte, Vater, Mutter, Hand, Quelle, Fels.
Aber in keinem geht Er ganz auf.
Gott ist, wo ich bin – in mir.

Niemand kann mehr Kraft aufwenden, als er zuvor empfangen hat. In der Ruhe liegt die Kraft, weiß der Volksmund zu sagen.
Aber wer beherzigt diese Weisheit?
Das Handy – immer dabei. Schnell die E-Mails abrufen. Dann war es doch wieder fast eine Stunde am Computer, denn eine Recherche im Internet musste auch noch sein.
Abschalten können – nicht möglich.
Leben im Stand-by-Modus – immer bereit. Drücke heute mal den Aus-Knopf.

*Inmitten der Hektik des Alltags innehalten.
Stehen bleiben. Wahrnehmen.
Sich anrühren lassen.
Nachdenken. Zweifeln. Leere aushalten.
Neues erwarten. In den Alltag zurückkehren.*

Von Zeit zu Zeit werden Felder und Äcker nicht bestellt. Sie liegen brach. Bis der Zeitpunkt gekommen ist, dass auf ihnen wieder Saat ausgebracht wird. Brachzeit für Menschen. Eine gute Idee. Einmal nichts tun. Nicht nachdenken, nichts planen. Leere zulassen. Nichts erzwingen. Einfach nur warten. Auf das Wunder, dass die Lebenskraft zurückkehrt.

Burn-out: kraftlos und ausgebrannt.
Leere Zeit: Zeit, die Warten lehrt.
Bis neues Leben entsteht.
Eine Blüte der Hoffnung.

Schweigen ist mehr als gerade einmal nicht reden. Schweigen ist mehr als das Fenster schließen und den Lärm draußen lassen. Schweigen ist mehr als bewusst nichts tun. Schweigen ist mehr. Schweigen heißt: Ich lasse mich los. Ganz. Ich beschäftige mich nicht mit meinen Wünschen, Plänen, Sorgen. Auch nicht mit anderen Menschen. Wenigstens für einen Augenblick.

*Schweigen und auf die Stille hören.
Schweigen und empfangen.
Schweigen und Hoffnung schöpfen.
Schweigen und vertrauen.*

Das Leben ist kompliziert. Tausend Gedanken schießen mir durch den Kopf. Auf meinem Schreibtisch türmt sich die Arbeit. Alles ist dringend. Was aber ist wirklich wichtig? Unruhe ist der Feind klarer Gedanken. Sie lähmt meine Kreativität. Finde ich zur Ruhe, kommt die Muße. Und mit einem Mal ist nichts mehr schwierig. Alles liegt mir klar vor Augen. Alles ist so einfach. Alles gelingt.

Alles hat seine Zeit.
Jetzt ist die Stunde.
Nimm sie dir,
damit du nicht ihr Gefangener wirst.

Es gibt eine wortlose Stille der Einsamkeit, die zur unerträglichen Last werden kann. Diese Ruhe ist trügerisch. Es gibt eine Sprachlosigkeit, die eine lautlose Leere in mir überdecken kann. Diese Stummheit ist unerträglich. Es gibt Tage mit einer unsagbaren Schweigsamkeit. Auch sie gehören zu meinem Leben. Schreiende Stille. Schwer auszuhalten. Nicht gleich aufgeben!

Mein Leben ist geliehene Zeit.
Ohne Erfolgsgarantie.
Dennoch möchte ich manche Tage
wortlos zurückgeben
und gegen bessere eintauschen.

Es ist keineswegs so, dass es an Stille fehlt. Sie ist da, wenn mein Denken und Wollen zur Ruhe kommen. Ich spüre dann, wie ich mich wieder einmal habe treiben lassen, wie ich sinn- und ziellos umhergeeilt bin – und doch nicht ans Ziel kam. Dabei geschehen in der Stille all die großen Dinge. Sie reifen unmerklich heran in Augenblicken der Unhörbarkeit: Alles klärt sich, alles findet sich, alles fügt sich.

Wege werden begehbar.
Aufgaben werden lösbar.
Fragen finden eine Antwort.
Menschen versöhnen sich.

Der 3. Sonntag in der Fasten- oder Passionszeit trägt den Namen Oculi: »Meine Augen sehen stets auf den Herrn« (Psalm 25,15). Ich brauche Augen, um sehen zu können. Ich kann mich umsehen. Es hilft mir, den Überblick zu behalten oder über manches hinwegzusehen. Wie finde ich mich im Leben zurecht? Was gibt mir Orientierung? Der Glaubende sieht auf Gott, hält sich an ihn. Augen auf! Er ist da.

*Glauben heißt: Ich habe mich entschieden.
Obwohl die Welt ist, wie sie ist.
Obwohl ich bin, wie ich bin.
Ich sehe und vertraue – und finde.*

Woher komme ich? Wohin gehe ich? Was darf ich hoffen? Was kann ich glauben? Was soll ich tun? Warum lebe ich? Es sind die Fragen nach Lebenssinn und -ziel, die Menschen zu allen Zeiten beschäftigten. Sie drängen meist dann in den Vordergrund, wenn ich zu mir selbst komme. Zum Beispiel vor dem Einschlafen, im Urlaub, kurzum: Wenn ich Zeit für mich habe und über mich nachdenke. Ja, es geht um mich. Ich darf diesen Fragen nicht ausweichen.

Allen Ablenkungen des Tages
und der Arbeit entfliehen.
Endlich Zeit, mich wahrzunehmen.
Was ist der Sinn meines Lebens?
Was will ich?
Auf die innere Stimme hören.
Sie weiß, was mir gut tut.

Mit meinem Leben ist es wie mit dem Autofahren: Wenn ich mich ans Steuer setze, habe ich vorher die Straßenkarte studiert oder den Routenplaner programmiert.
Wegweiser sind mir eine Orientierungshilfe. Sie ersparen mir den Ärger des Suchens und die Ungewissheit, nicht ans Ziel zu gelangen.
Wer sind oder waren die Wegweiser in meinem Leben: Eltern, Freunde, Partner? Welche Ratschläge haben sie mir gegeben? Und was haben sie mir gebracht?

*Klarheit über das Leben gewinnen.
Wenigstens über ein Etappenziel.
Ohne Wegweiser auf Holzwege geraten
und in Sackgassen enden.*

Jeder Mensch geht seinen eigenen Weg. Die Landkarte meines Lebens unterscheidet sich von anderen.
»Welchen Weg soll ich nehmen?«, fragte Alice im Wunderland in dem Märchen von Lewis Caroll, als sie an der Weggabelung die große Katze sitzen sah. »Das hängt davon ab, wo du hin willst«, antwortete die Katze. »Das ist mir eigentlich ziemlich egal«, sagte Alice. »Dann ist es auch egal, welchen Weg du gehst«, antwortete die Katze. – Jeder Weg braucht ein Ziel.

*Mein Ziel finden neben den Zielen anderer.
Mich zurechtfinden auf dem Weg durchs Leben.
Entscheidungen treffen.
Nicht immer geht es um »richtig« oder »falsch«.*

Es gibt Lebensziele, von denen ich mich verabschieden muss. Vielleicht wolltest du Fußballprofi werden. Aber mit 40? Keine Chance! Vielleicht wolltest du eine Doktorarbeit schreiben. Aber ohne die nötigen Freiräume? Vorbei! Vielleicht wolltest du Künstler werden. Aber deine Eltern haben dich in einen »vernünftigen« Beruf gedrängt. Umsteigen? Warum nicht! Auch wenn es für manches ein »Zu-spät« gibt, gilt dies keineswegs für alles. Entdecke deine Möglichkeiten!

*Manchmal ist es Zeit,
sich mit den Bruchstücken
des Lebens anzufreunden.
Manches Fragment strahlt heller
als der größte Erfolg.*

Ziele geben dem Leben eine Richtung. Sie verlangen, dass ich mich auf sie hin ausrichte und mit ganzer Kraft auf sie zugehe. Mit dem Blick zurück kann ich nicht vorwärts schreiten, denn ich habe keine Kontrolle über den Weg, den meine Füße nehmen. Das Leben ist immer ein Vorwärts. Das Früher markiert die Richtung, aus der ich komme. Mein Blick konzentriert sich auf das Morgen. Dafür sollte immer Raum sein.

*Wenn die Richtung stimmt,
kommt auch der Langsamste ans Ziel.
Er ist besser dran als der,
der ohne Ziel unterwegs ist.*

Wenn ich eine Dienstreise unternehme, Freunde besuche, in den Urlaub fahre, dann weiß ich, wann und wie ich ans Ziel gelange. Im Blick auf mein Leben weiß ich nicht, wann ich am Ziel bin. Wie viele Jahre liegen noch vor mir? Was werden sie mir bringen? Ich spüre, wie ich im Nachdenken darüber unsicher werde und auch Angst in mir aufsteigt. »Gib dich nicht auf«, höre ich es in mir sagen. Und: »Lebe! Setze dir ein Ziel.«

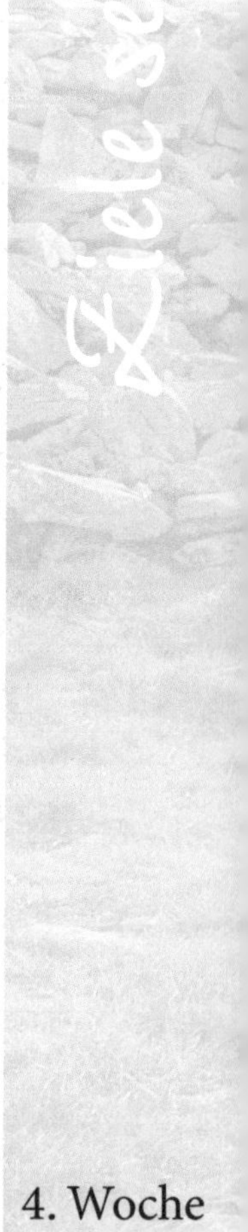

*Das Feld der Zukunft ist unbestellt.
Mache dich an die Arbeit: mutig und gelassen.
Und du wirst überrascht sein,
wie groß deine Ernte ist.*

Der 4. Sonntag in der Fasten- oder Passionszeit trägt den Namen Laetare: »Freuet euch mit Jerusalem!« (Jesaja 66,10). Er wird auch »kleines Ostern« genannt. Damit unterscheidet er sich durch sein Leitmotiv deutlich von den übrigen Sonntagen der Passionszeit. Nicht zuletzt ist dieses Motto auch ein Hinweis darauf, dass Fastenzeiten – trotz allen Verzichts und ungeachtet der Probleme und ungelösten Fragen in meinem eigenen Leben und im weltweiten Maßstab – einen heiteren Grundton haben.

*Heute einmal nicht klagen über alles,
was ich nicht erreicht habe.
Heute sich einmal an das Gute erinnern,
das mir im Leben gelungen ist.*

Gibt es den richtigen Weg? Ich stelle mir diese Frage. Immer wieder.
Der Weg, den ich gehen soll, liegt nicht immer klar vor meinen Augen. Zudem sind die Wege sehr unterschiedlich. Manche Wege sind einsam, manche werden zu Gratwanderungen, Einbahnstraßen sind ebenso dabei wie Sackgassen. Ich kann auf Abwege geraten und muss ab und an Umwege in Kauf nehmen. Auf welchem Weg bin ich gerade unterwegs?

Der Weg des Lebens führt bergauf.
Lange unterwegs sein auf der Hochebene.
Und hinabsteigen in das Tal.
Wo endet mein Weg?

Der Weg ist das Ziel. Diese Botschaft lese ich immer häufiger. Ist das wirklich so? Unterwegssein ist kein Selbstzweck. Aber wenn ich darauf vertraue, dass ich geführt werde, auch wenn ich meinen Weg nicht immer klar vor Augen habe und dass mir jemand entgegenkommt, wenn ich ihn brauche, dann ist auch mein Weg mein Ziel.

Mut zum Aufbruch.
Kraft für den Weg.
Vertrauen auf das Geführtwerden.
Hoffnung, das Ziel zu erreichen.

Jeder Weg beginnt mit dem ersten Schritt.
Aber woher soll ich wissen, dass mich gerade dieser Weg an mein Ziel führt?
Es gibt keine Erfolgsgarantie. Wer jedoch stehen bleibt, wird es nie herausfinden.
Aufbrechen und loslaufen – trotz aller Fragen und Zweifel.
Wege entstehen, wenn ich sie gehe.
Beim Laufen geschieht das Wunder:
Der Weg schiebt sich Schritt für Schritt unter meine Füße.

*Nicht alle Wege
bleiben ein Leben lang offen. Je länger
ich warte, desto weniger stehen zur Verfügung.
Fenster werden geschlossen, Türen gehen zu.
Ich muss mich entscheiden – und gehen.*

Es muss ihn doch geben – den Königsweg. Die Suche nach dem einen und einzigen Weg, nach der breiten, gut ausgebauten Straße ist meist vergeblich. Oftmals sind es gerade die verschlungenen Pfade, deren Verlauf nicht überschaubar ist, die uns ans Ziel führen. Worauf es ankommt: Mut haben, den eigenen Weg zu finden – und ihn zu gehen, trotz aller Hindernisse.

*Ent-decken und auf-brechen.
Mit offenen Augen durchs Leben gehen.
Brücken finden. Über Abgründe hinweg
neue Wege suchen.*

Der Wirklichkeit kann niemand aus dem Weg gehen. Es sind die kleinen und großen Hindernisse, die sich auftürmen und dazu zwingen, sie zu überwinden. Es sind Schläge, die Menschen einstecken müssen auf ihrem Weg: Rückschläge, Tiefschläge, Schicksalsschläge. Aber manchmal werden Hindernisse vermutet, obwohl sie gar nicht da sind. Und Berge in einer Größe gesehen, die bei näherem Hinsehen klein und überwindbar sind.
Werde nicht mutlos!

In manchen Augenblicken
möchte die Seele stehen bleiben.
Suche die Zuversicht.
Sie lässt dich weitergehen.

Ein Ratschlag für unterwegs: Freunde mitnehmen. Niemand kann als Mensch reifen, wenn er nicht Beziehungen, Freundschaften und Austausch pflegt. Gemeinsam finden wir immer wieder den Punkt, von dem aus sich der Aufbruch lohnt. Und noch ein Rat: Pausen einplanen und Wegzehrung mitnehmen, denn Wege können kräftezehrend sein. Ausgeruht geht es auf die nächste Etappe. Denn in der Ruhe wächst mir neue Kraft zu.

Mit Menschen unterwegs.
Gemeinsame Entdeckerfreude.
Sich gegenseitig Halt geben.
Und einander aufrichten.

Der 5. Sonntag in der Fasten- oder Passionszeit trägt den Namen Judica: »Gott, schaffe mir Recht!« (Psalm 43,1). Warum haben die einen viel, die anderen wenig zum Leben? Das ist doch nicht gerecht! Wie lässt sich Gerechtigkeit leben?
Ich muss nicht alles haben, was ich mir leisten kann. Und ich kann täglich meinen Teil für mehr Gerechtigkeit beitragen.

Lieben, wo andere hassen.
Vergeben, wo andere mich gekränkt haben.
Versöhnen, wo Zwietracht herrscht.
Hoffen, wo andere zweifeln.

Jeder Mensch trifft jeden Tag eine Vielzahl von Entscheidungen: Esse ich ein Brötchen oder Müsli? Fahre ich mit dem Auto oder mit der U-Bahn? Entscheidungen bedeuten immer auch Einschränkungen. Entscheidungen werden von mir aber nicht nur in den kleinen Dingen des Alltags verlangt, sondern auch in den großen: Was fordert mein Leben?

Alte Gewohnheiten überprüfen.
Neues denken – und versuchen.
Achtsam mit mir umgehen.
Herausfinden, was mir gut tut.

Nach dem Haarewaschen oder beim Zähneputzen schaue ich den Spiegel. Ich sehe mich, aber wer bin ich im tiefsten Inneren? Ich bin ein Original – einmalig, unverwechselbar. Keine Kopie eines anderen Menschen, auch kein Ideal. Tag für Tag geht es darum, zu mir selbst zu kommen, ich selbst zu werden, die Möglichkeiten meines Lebens zu entdecken und zu nutzen – für mich selbst und auch für meine Mitmenschen.

*Sorgen sind Gift für das Leben.
Niemand stirbt an einer einzigen Sorge,
aber viele Sorgen rauben die Kraft zum Leben.
Ent-sorgen – wie geht das?*

Es ist erstaunlich, dass Menschen nicht immer das tun, was ihnen gut tut. Dabei ist klar, dass es mir nur gut gehen kann, wenn ich weiß, was mir gut tut. Jeder sollte sich von Zeit zu Zeit etwas Gutes tun, seiner Seele eine Streicheleinheit gönnen. Wann war der letzte Spaziergang? Wann habe ich mir Zeit für mich am Sonntag genommen? Und wann war das letzte Gespräch mit dem besten Freund oder der besten Freundin? Vernachlässige nicht die vermeintlich kleinen Dinge im Leben.

Jeder Mensch braucht
ein positives Bild von sich selbst.
Er muss selbstbewusst sagen können:
Ich bin liebenswert. Wer das nicht kann,
wie darf er erwarten, dass andere ihn mögen?

Was wird dieser Tag, die nächsten Wochen und Monate, das nächste Jahr bringen? Was erwarte ich: Gutes oder Schlechtes?
Üblicherweise geschieht, was ich mir am intensivsten vorstelle. Ärger und Misserfolg sind geradezu programmiert, wenn ich damit rechne. Die Erfahrung lehrt, dass auch Optimisten keineswegs besser dran sind als Pessimisten. Wer weiter kommt: der hoffnungsvolle Realist. Er stellt sich vor, das Wettrennen zu gewinnen, ohne gleich den Weltrekord zu brechen.

*Glück ist wie ein Geschenk.
Manchmal ist es einfach da.
Unwichtig, woher es kommt.
Ich nehme es dankbar an.*

Der Lebenstraum bleibt ein Traum, wenn ich nichts dafür tue, ihn zu verwirklichen. Träume sind Schäume, weiß der Volksmund. Und ich ziehe daraus die Konsequenz, nicht immer nur zu träumen, sondern meine Träume auch zu leben.
Ich werde. Ich will. Denn ich kann.

*Nicht wissen, ob die Kräfte von heute
auch für morgen noch reichen.
Aber darauf vertrauen,
dass mich nicht überfordert, was kommt.*

Auf viele Fragen in meinem Leben gibt es keine einfachen Antworten, kein schlichtes »ja« oder »nein«, kein »richtig« oder »falsch». Zum Nach-denken, Nach-spüren, Nach-fragen, Nach-gehen suche ich das Gespräch mit einem Freund oder einer Freundin. Er oder sie hört zu. Indem ich rede, klärt sich so manches Problem, ich erkenne, worum es im Kern geht. Wie gut, dass ich Menschen habe, die mir ihre Zeit schenken.

Die Stimme eines Menschen
lässt aufhorchen.
Die Nähe eines Menschen beruhigt.
Die Liebe eines Menschen beschwingt.
Der Trost eines Menschen macht Mut.

Der 6. Sonntag in der Fasten- oder Passionszeit trägt den Namen Palmsonntag. Es ist der Tag der Palmen und der Palmzweige. Er erinnert an Jesu triumphalen Einzug in Jerusalem.
Die auf ihn warten, sehen in ihm den im Alten Testament angekündigten König des Friedens und der Gerechtigkeit (Sacharja 9,9). Mit dem Palmsonntag beginnt die Karwoche, in der das Leiden und Sterben Jesu im Mittelpunkt steht.

Gott ist Mensch geworden.
In Jesus ein Bruder.
Zuhause in mir.
Aus seiner Kraft leben.

Verzicht nimmt nicht, er gibt. Diese Einsicht ist dem Philosophen Martin Heidegger zu verdanken. Es ist eine Erfahrung, die viele Menschen machen, wenn sie sich wie in der Fastenzeit darauf einlassen, aus dem gewohnten Rhythmus auszusteigen. Ohnehin leiden immer mehr unter dem Umstand, dass alles verfügbar ist, rund um die Uhr und zu jeder Jahreszeit. Vieles steht in Gefahr, beliebig zu werden, austauschbar. Wenn alles gleich gültig ist, wird man schnell gleichgültig. Ich will versuchen, diese Erfahrung im meinem Alltag neu zu leben.

*Das Einfache suchen.
Einen weiten Raum entdecken.
Freiheit gewinnen.
Schritt für Schritt Neuland erobern.*

Wer inne hält und über sich selbst nachdenkt, kommt vielleicht auf die Idee, noch einmal neu anfangen zu wollen. Ausbrechen. Den Kurs wechseln. Sich ändern. Jeder Mensch hat die Möglichkeit, sein Leben täglich neu zu beginnen. Das geht nicht, sagen diejenigen, die das noch gar nicht versucht haben. Es geht, sagen jene, die es jeden Tag ausprobieren – auch wenn sie bisweilen in ihren Bemühungen stecken bleiben.

Unerfüllte Träume aufgeben.
Loslassen, woran mein Herz hängt.
Lösen, was mich bindet.
Frei werden und unbeschwert sein.

Ich habe keine Zeit. Wie oft geht mir dieser Satz über die Lippen. Stimmt nicht. Jeder Mensch hat jeden Tag gleich viel Zeit. Die Frage ist, was ich mit ihr anfange. Sie verrinnt unaufhörlich. Sie lässt sich nicht vermehren. Aber auch wenn es mir einmal nicht gelingt, mir ein wenig Zeit für mich zu nehmen, will ich versuchen, diese Zeit nicht als sinnlos zu verstehen. Und ich nehme mir vor, mir morgen ganz bewusst ein paar Minuten extra nur für mich zu reservieren.

Lebenszeit – Zeit nehmen:
Zum Arbeiten, Nachdenken, Träumen, Lieben,
Spielen, Planen, Genießen, Verwerfen.
Lebenszeit – Zeit zum Leben.

Menschen treffen Entscheidungen. Und sie bestimmen damit ihr Leben. Viele tun es nach der Devise: Ich will alles – und am liebsten noch viel mehr. Sie werden dadurch keineswegs zufriedener, auch nicht glücklicher. Und vergnügt sehen sie auch nicht aus. Kein Wunder, denn dann müssten sie ja mit dem zufrieden sein, was sie haben. Es tut gut, das wertschätzen zu können, was man ist und was man hat.

*Erinnern, was gut tat.
Unterbrechen, was langweilt.
Zurücklassen, was vergeblich ist.
Annehmen, auch wenn es schwer fällt.*

Einfach leben. Man kann diesen Satz unterschiedlich betonen. Mal liegt das Gewicht auf »einfach«: bescheiden, anspruchslos, genügsam, umkompliziert. Mal auf »leben«: am Leben sein, atmen, da sein, sein. Einfach leben heißt: lassen, loslassen, ablegen, aufhören. Und es bedeutet: ändern, beheben, umgestalten, verwandeln. Im Einfachen lebt eine unerschöpfliche Kraft.

Weglassen,
was nicht lebensnotwendig erscheint.
Sich dann und wann vom Alltag lösen.
Alte Gewohnheiten hinterfragen.
Versuchungen widerstehen.

Wie geht es weiter?
Heute ist der erste Tag vom Rest meines Lebens. Als ich mir die Aus-Zeit nahm, war ich mit meinen Kräften am Ende, hatte ich das Gefühl, im Chaos des Alltags zu versinken und alles für sinnlos zu halten. Seither habe ich eine Kraft in meiner Seele freigelegt – Tag für Tag –, die mich das Leben wieder spüren lässt.

Den Blick ins Innere wagen.
Nicht erschrecken vor dem Dunkel.
Genau hinsehen.
Und das zarte Licht entdecken.

Aus der Kraft von Ostern leben, denn das scheinbar Endgültige hat nicht das letzte Wort.

Nichts wird bleiben, wie es ist.
Davon spüre ich etwas – schon jetzt.
Ich lebe leichter.
Ich lebe achtsamer.
Ich spüre eine neue Lust am Leben.
Ich nutze meine Freiheit.
Ich genieße mein neues Leben.

Keine Angst haben vor dem, was kommt.
Keine Angst haben vor neuen Anforderungen.
Keine Angst haben vor dem ersten Schritt.
Keine Angst vor dem Leben haben.

Bibliografische Information der Deutschen Bibliothek:
Die Deutsche Bibliothek verzeichnet diese Publikation in der Deutschen Nationalbibliografie; detaillierte bibliografische Daten sind im Internet über http://dnb.ddb.de abrufbar.

Kreuz Verlag, Stuttgart
in der Verlagsgruppe Dornier GmbH
Postfach 80 06 69
70506 Stuttgart

www.kreuzverlag.de
www.verlagsgruppe-dornier.de

© 2005 Kreuz Verlag, Stuttgart
in der Verlagsgruppe Dornier GmbH

Konzeption, Gestaltung & Realisierung:
© Agentur initiale, Sandhatten 2005
Alle Fotos: © Agentur initiale, Sandhatten
Fotos zur 3. Woche/Tag 2, 3/7, 6/1 und 7/6:
Julia Stuntebeck
Alle Rechte vorbehalten

Druck: Leo Paper Group, Hong Kong
Reproduktion: Peter Karau, Bochum
Printed in China

ISBN 3-7831-2526-X
ISBN 978-3-7831-2526-9